A
B
C
D
A
B
C
D

E
F
G
H
E
F
G
H

I
J
K
L
I
J
K
L

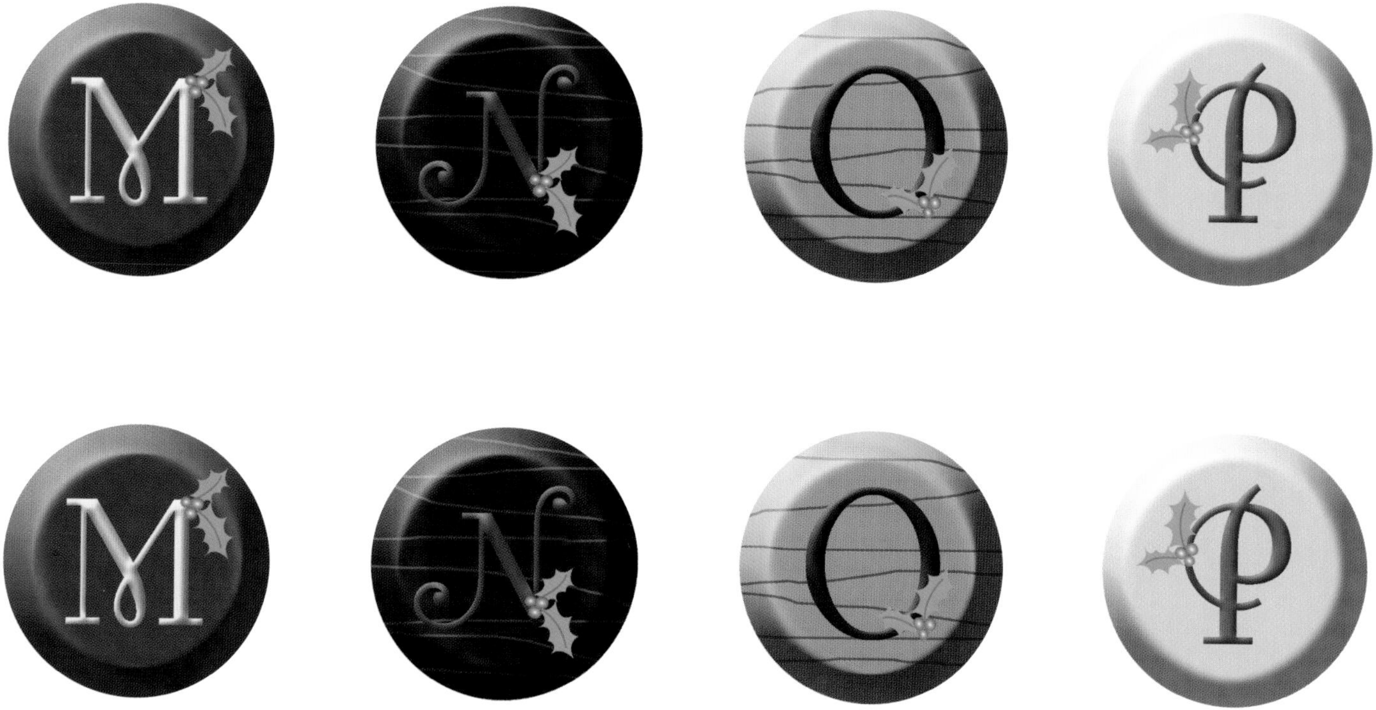
M
N
O
P
M
N
O
P

Q
R
S
T
Q
R
S
T

U

V

W

X

U

V

W

X

Y
Z
A
B
C
D
E
F
Y
Z
G
H
I

J
K
L
M
N
O
P
Q
R
S
T
U
V
W
X
Y
Z

A

B

C

D

A

B

C

D

Q

R

S

T

Q

R

S

T

U

V

W

X

U

V

W

X

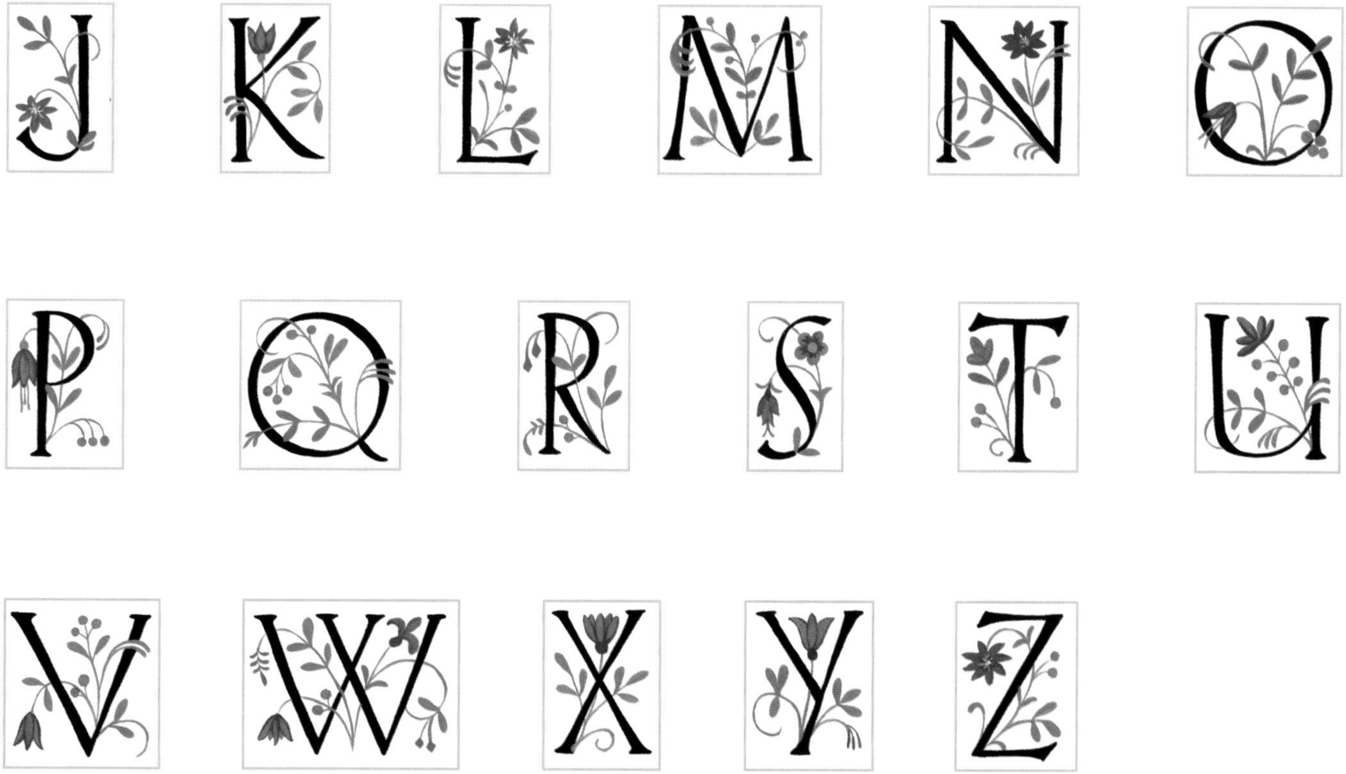
J K L M N O
P Q R S T U
V W X Y Z

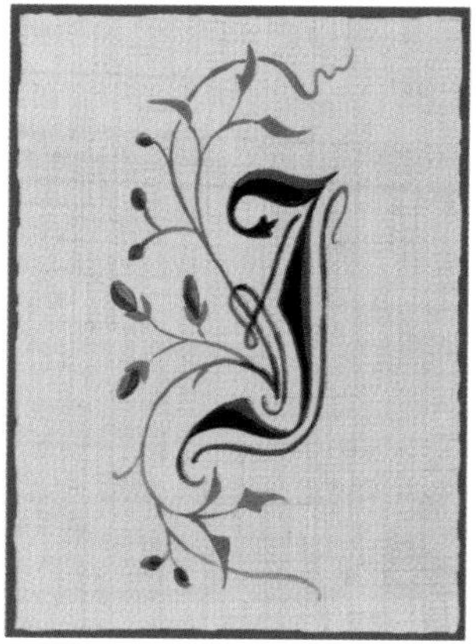

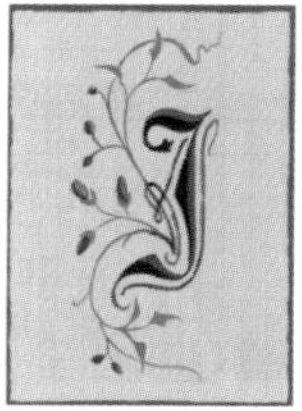

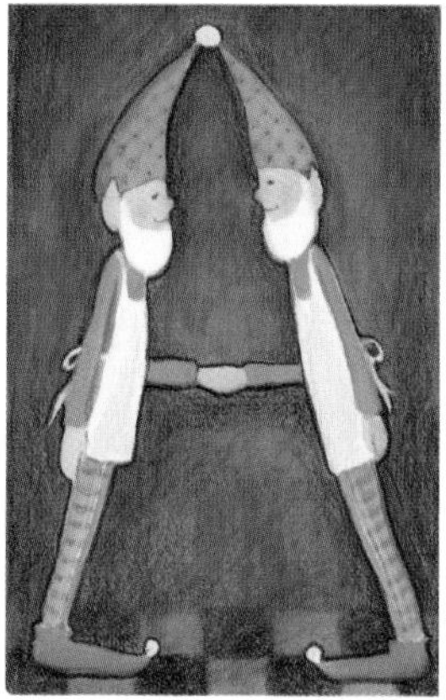
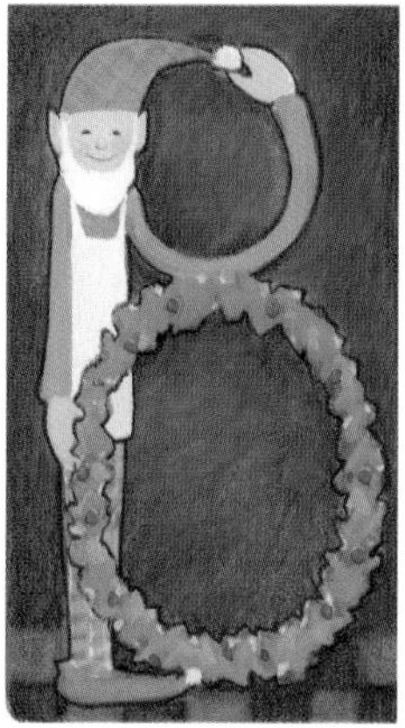
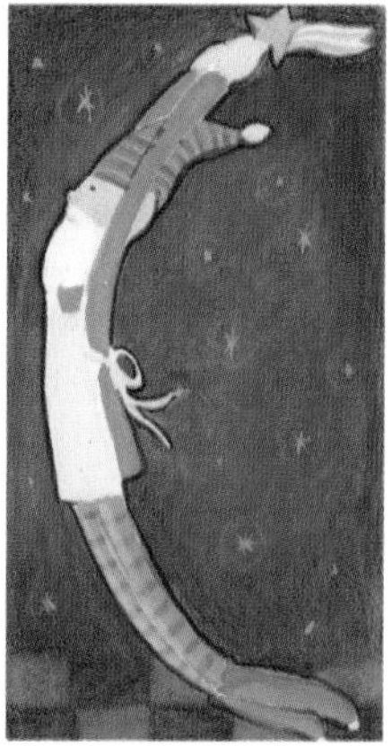

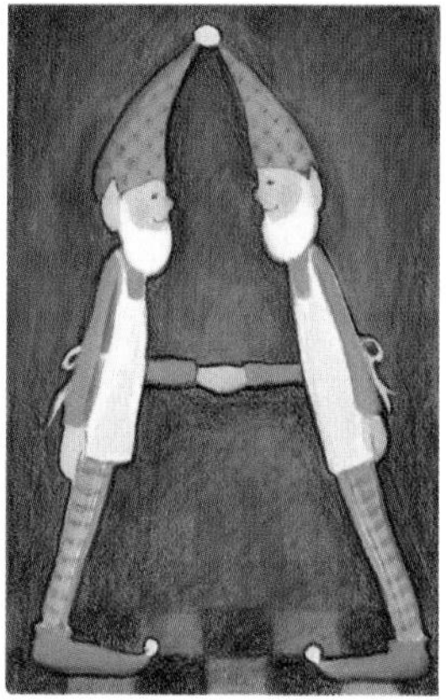

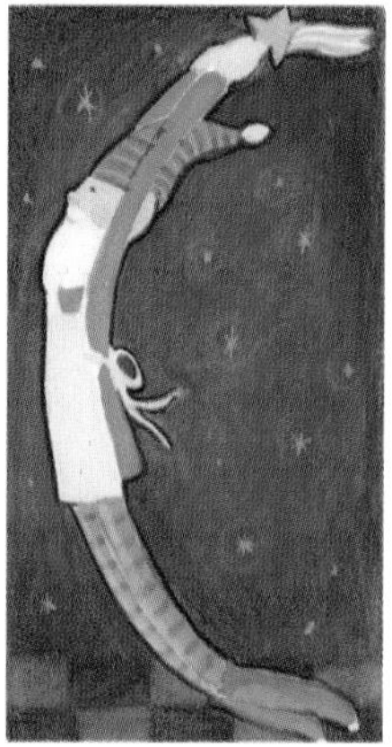

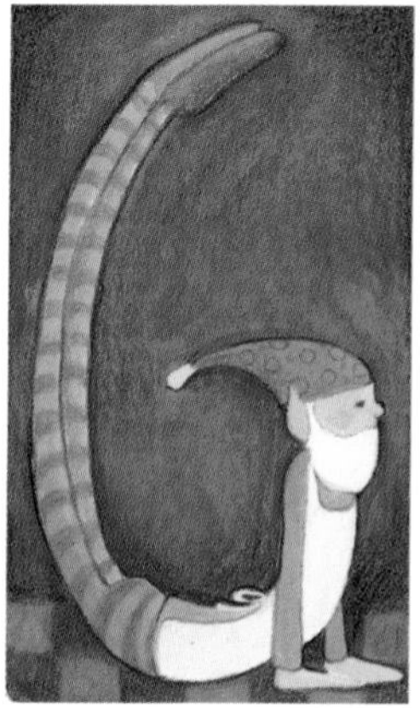

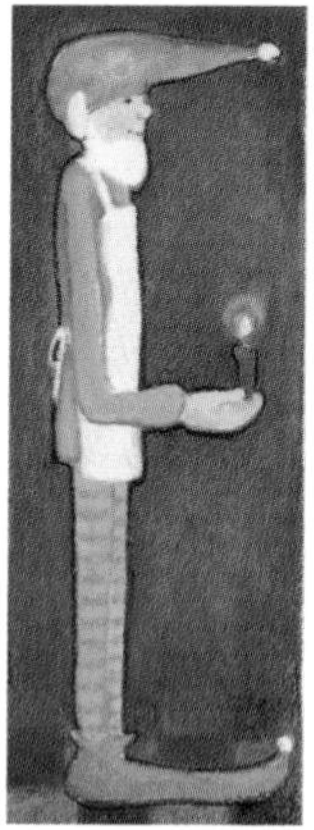

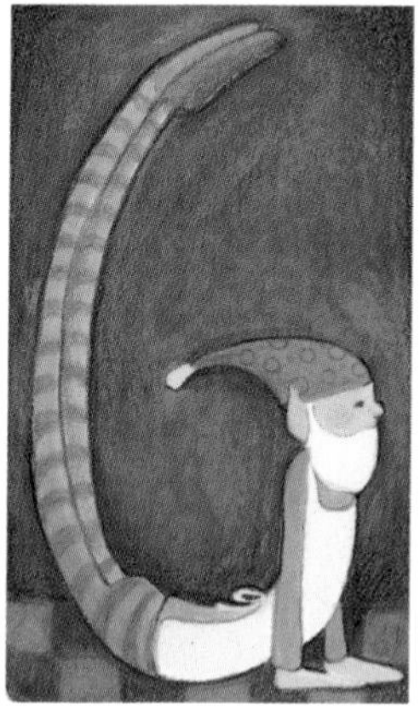

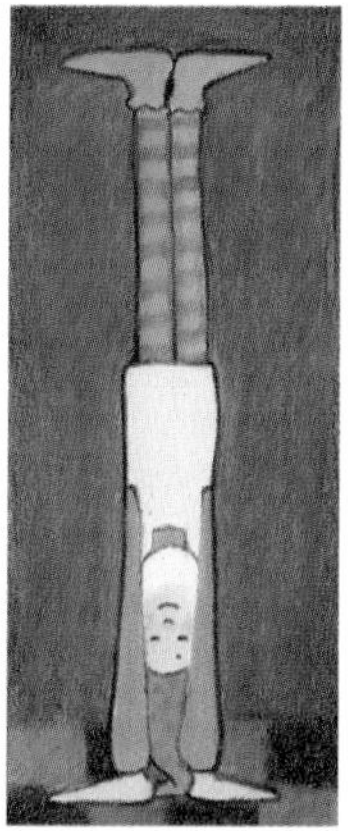
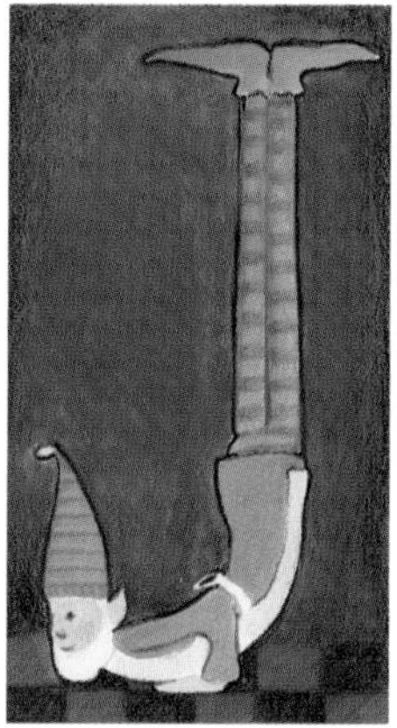

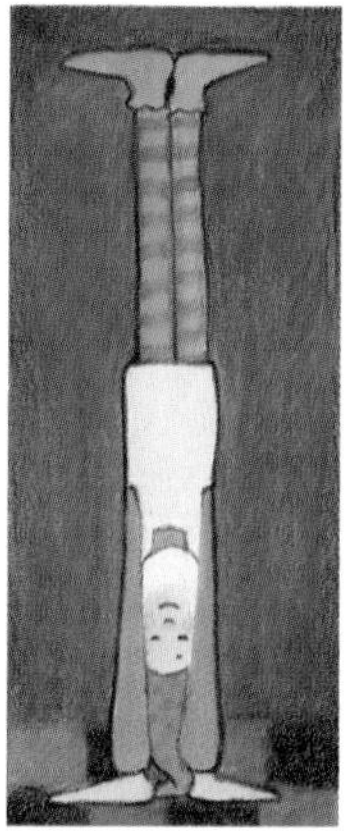
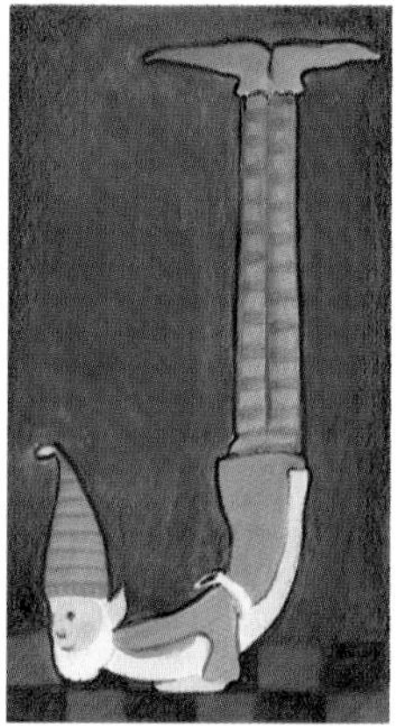

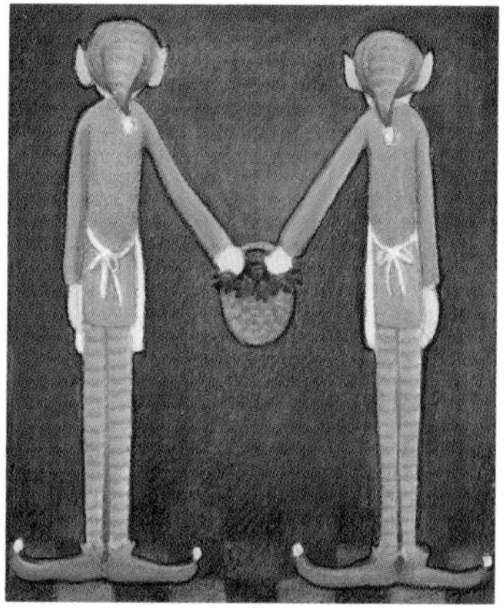

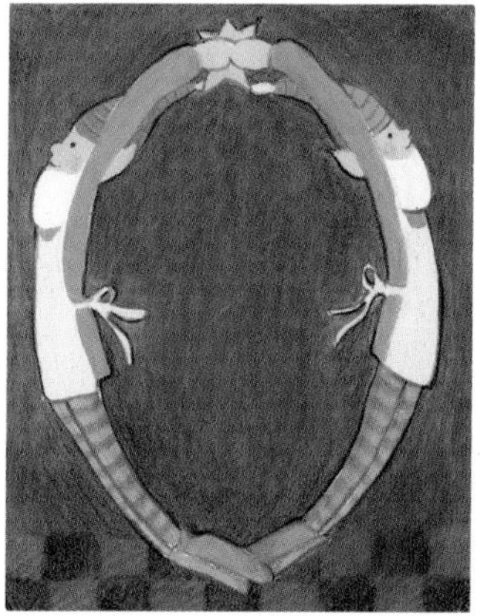

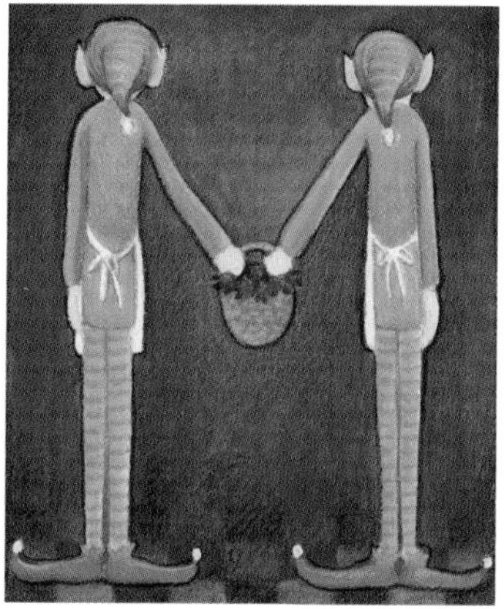

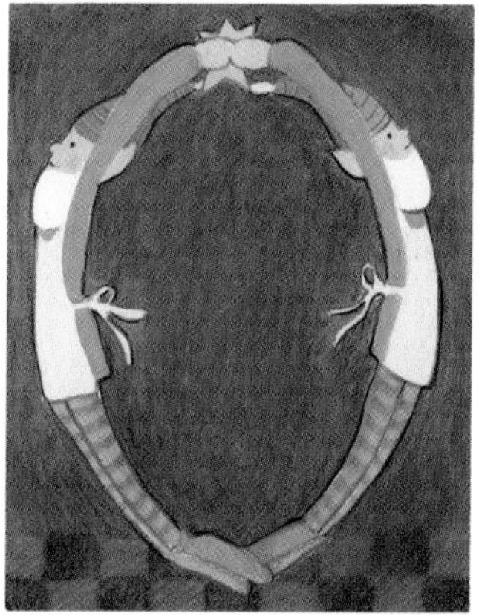

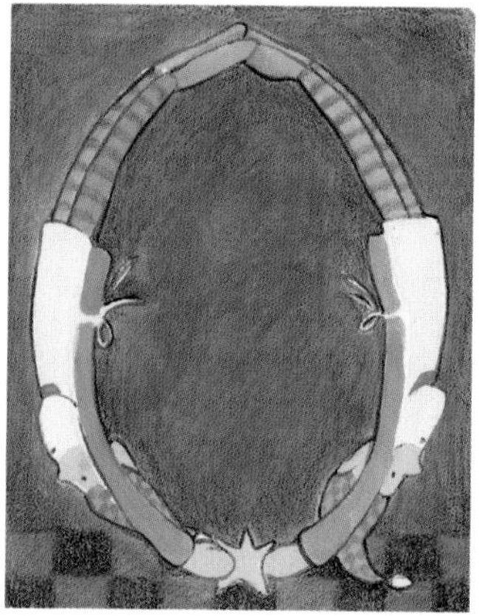

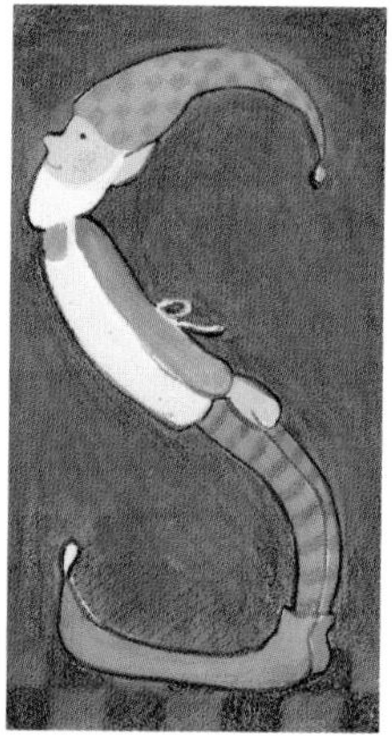

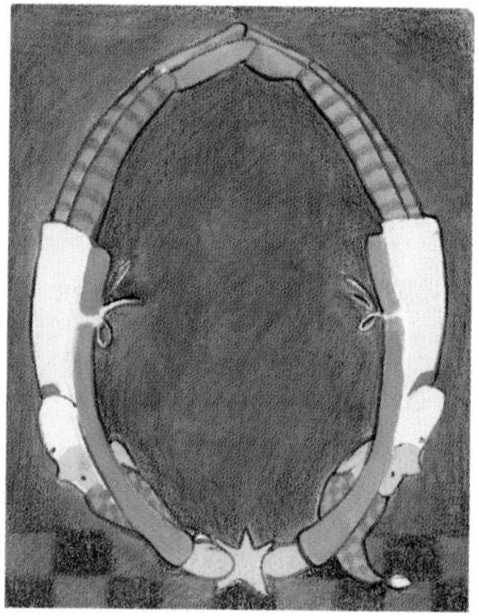

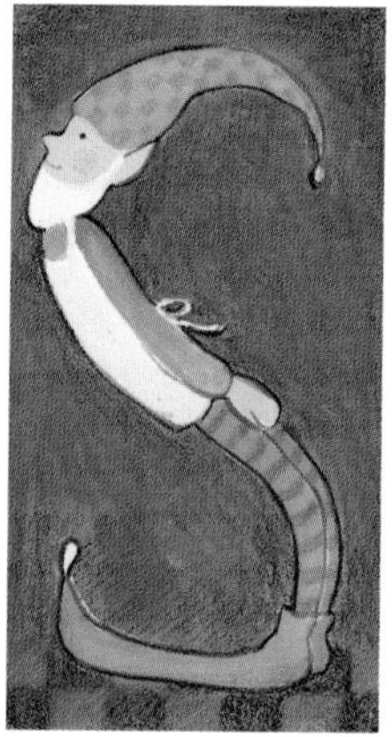

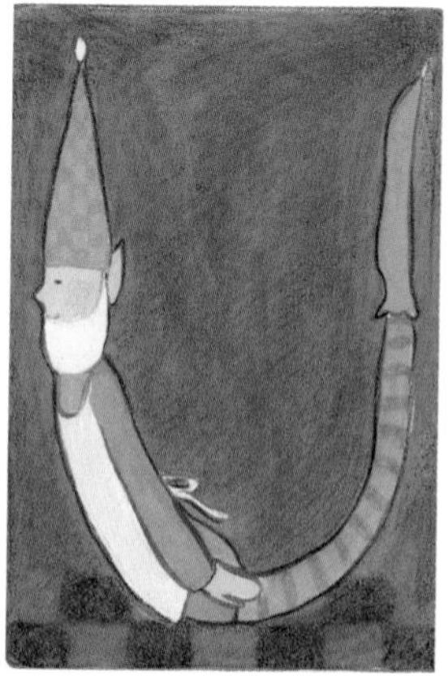
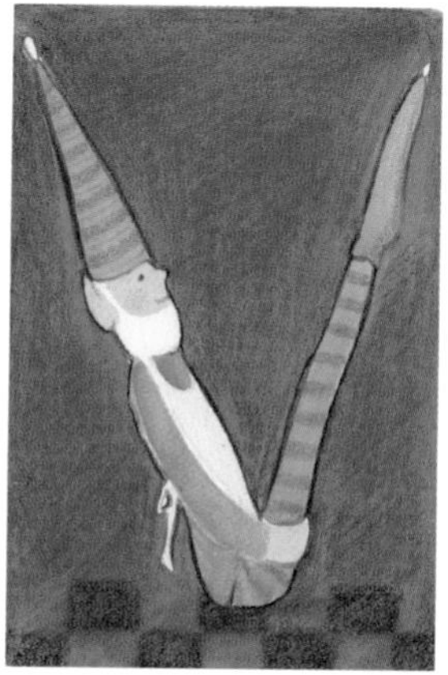

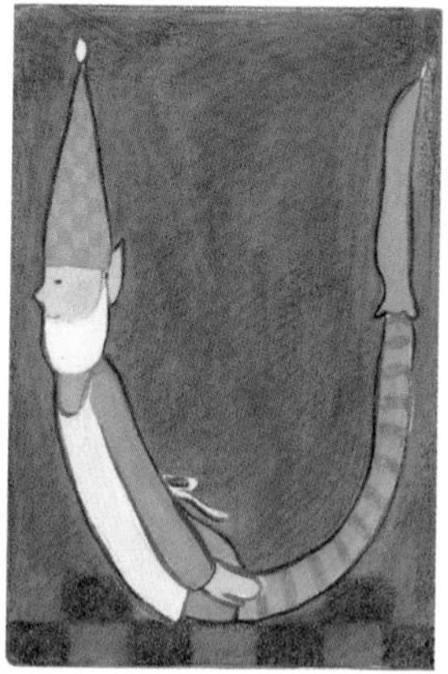
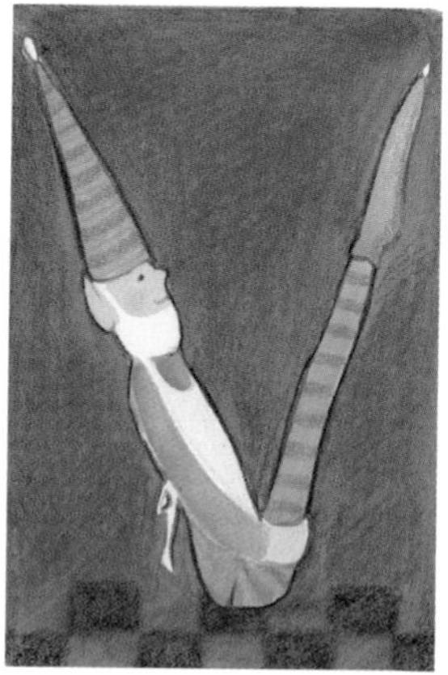

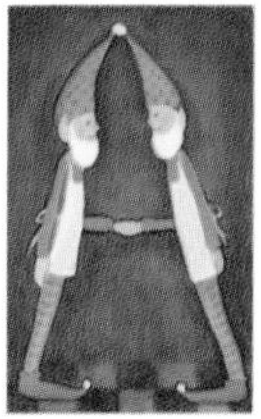
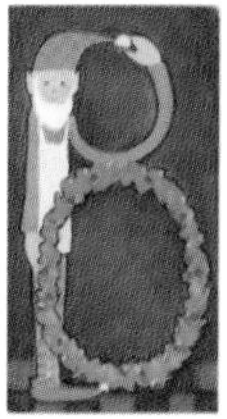
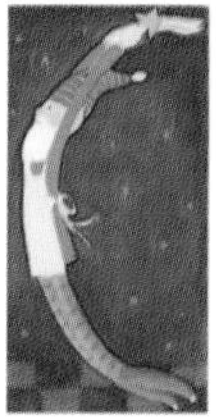

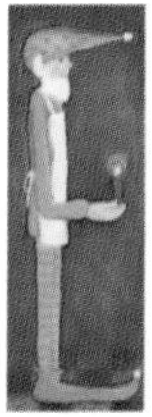

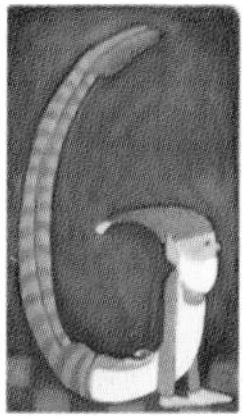

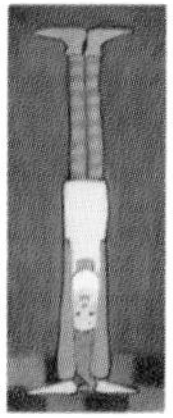

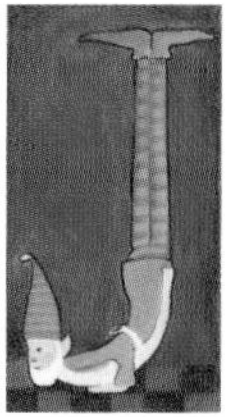
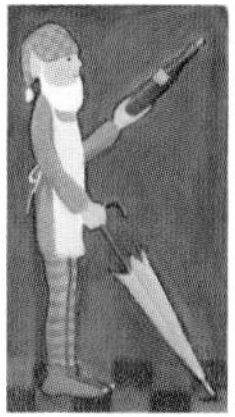

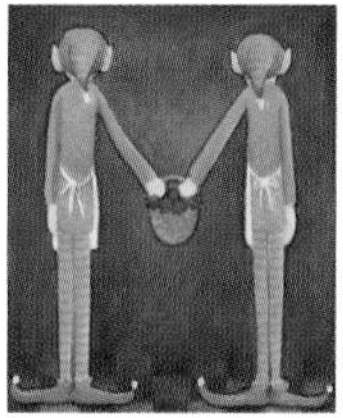
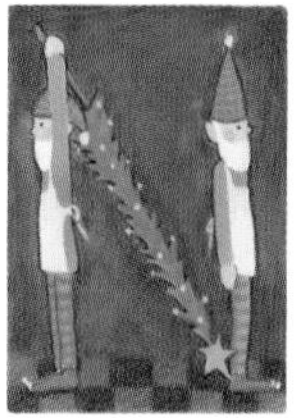
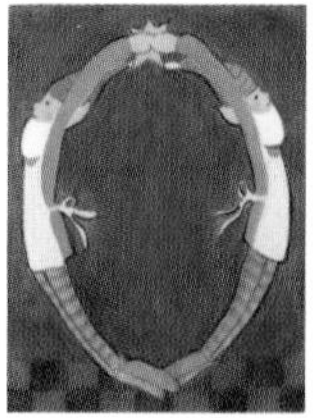

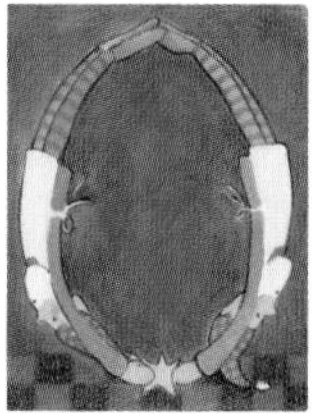

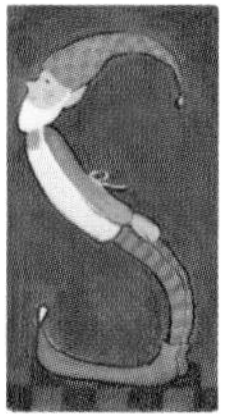

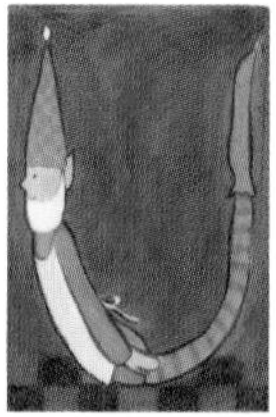
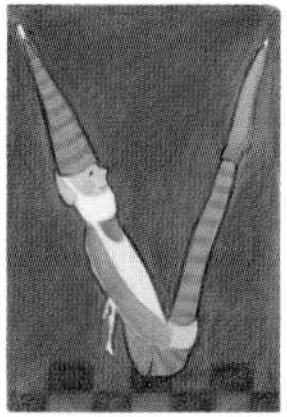
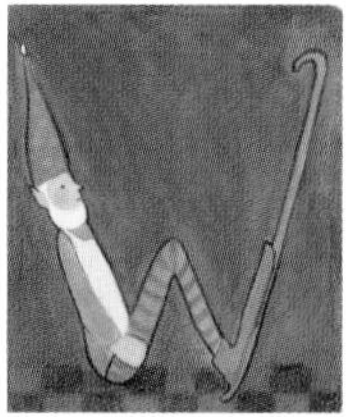

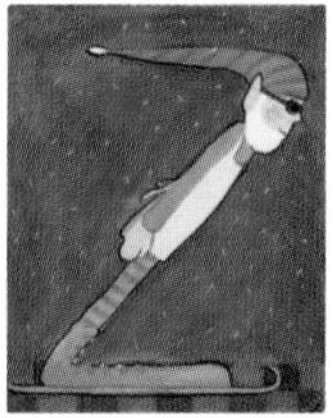